냉장고 속의 풀밭

조용환 시집

시인동네 시인선 076

조용환 시집

냉장고 속의 풀밭

시인동네

시인의 말

공중으로 던진 돌팔매가
우주여행에서 돌아오지 않는다

*

수선화가 피었다
초록을 비낀 빛깔들은
초록과 함께 거룩하다

*

—헛된 위로만 가득하다

2017년 6월
조용환

차례

제2부

제3부

제1부

내가 나에게

내가 나에게
편지를 쓴 적이 있네
오른손으로 쓰고 왼손으로 받았네

뜯지도 않고 불살랐던
불 꺼진 창문, 떠나온 그 주소에는
이제 누가 살고 있을까

뜨내기들은
헐렁한 외투와 낡은 구두뿐이지만
허허벌판을 첩첩 살아가네

내 왼손이 오른손을 잡아
피가 흐르네
나는 오래된 여행이라네

냉장고 속의 풀밭

편견에 시달리는 냉장고가 있었다

구시렁거리는 저 낡은 잔소리를 추방해버리고 싶었지만 냉동된 날개와 자반고등어의 포말을, 희망찬 망망대해를, 한 번도 지붕을 가져보지 못한 피치 못할 사정을
벽 한쪽을 허물어낸다는 건 좋은 상상이 아니었다

수시로 발성을 바꾸는 지독한 혈통이었다

저 지루한 엉덩이를 철썩 갈겨준다 등 돌려 기다려보기로 했다 유품처럼 가릉거리는 숨소리, 꼭 난초를 길러야지 했던 은퇴한 산책길에서
어느 날은 온갖 주름의 치장을 벗고 마침내 경건한 무릎을 꿇은 것이었다 온몸으로 무너지고 싶은 것을 견디려다가 속옷이 다 벗겨졌었다

비로소 망치와 작살을 물려받았다

세계대백과사전처럼 썩어문드러진 벽일지라도 융숭한 헌사는 필요한 법이다

뼈가 만들어진 그늘과 날개 돋친 나뭇잎들과 함께 나는 봄날처럼 기다렸고 그뿐이었다

폐기된 속살이었고 전인미답의 풀밭은 거기서 시작되었던 것이다 문을 잠그고 살기에는 틀려먹은

저 신전에 소풍 가기는 이제 글렀다

촤프린 씨는 여기 살지 않는다

배가 고파도 웃겼던 사람
여백을 살아서 슬펐던 사람
소외를 평범으로 승화시켜주었다고 전해지는
친밀했던 그이는 이제 여기 살지 않는다

삶은 진흙탕물의 희롱이라고
행운이 절박했던 시절이었지만
완벽한 농담이었다고
흑백영화에서 빠져나온 친구는 말했는데

결단코 정착하는 어리석은 짓은 하지 않겠어
낡은 구두를 불에 구워 먹으며
낭떠러지 같은 집을 살고 싶지는 않아
화살촉의 윤을 내며 늙어 가면 좋겠어

겸손과 감사의 기도로 촛불을 밝혔던 그 사람은
소금을 들고 달려와 창문을 두드리던
우리들의 주인공은 이제 여기 살지 않는다

공중의 발자국 소리를 이제는 들을 수 없다

---

*《동아일보》 1927년 4월 19일자 기사에는 영화배우 찰리 채플린의 이름을 '촤리스 촤프린' 씨라고 쓰고 있다.

거울 속의 거울

빵을 씹던 정황이 점점 딱딱해져간다
그것은 일종의 진화,
입가에 묻은 가루의 흔적처럼
그림자는 더욱 열렬하게 이빨을 드러내고
너무 많은 경험과 정보를 가졌어, 라고
밑줄 긋는다 저건 불립문자
그것은 일종의 마법,
외출을 서두르다가 붙잡혔다
실현 가능했던 모든 과학으로 나는 단정해진다
모종의 명령을 수행 중이다
나의 등장인물들의 후회를 위해 여러 개의 이름을 준다
그것은 일종의 합성,
탄력 넘치는 단순함으로
사망하지 않는 인간 때문에 골머리를 앓는다지만
나는 때때로 역광하는 몸,
그것은 일종의 계급,
잠깐씩 표면 밖으로 행불되는 것은
충전이 필요한 때문이다

앞만 보라, 최면에 걸린 채 두리번거리는
시냇물에는
발길에 걸려 풍덩 빠졌던 돌멩이……
지금은 어디쯤 맴돌고 있을까
그것은 일종의 퇴폐,
한 모금 떠먹을 수도 없는 물소리가 빠져나가고부터
그 얼굴은 이제 내가 모르는 칼과 망치
물고기들의 기념품처럼 나는 매일매일 단추에 걸린 채
다 보낸 월요일 다시 월요일……
반질반질 윤이 나는 네거리에서 물수제비뜨는
그날의 진공 수족관에서 살아남은 사냥꾼들은
다 어디로 떠난 건가,
단추 대신 지퍼로 꽉 다문 간판들
낙서 없이 폐기된 골목
사이로
나는 조금씩 완성된다고 믿었는데
추억은 냄새가 고약하고
완벽한 사랑을 신봉하는 웃음들은

쇼윈도에 걸렸다 그때 비로소
눈물의 맛은 줄줄 흘러내린다고
억울한 기분에 빠진 마네킹들처럼 뇌까렸던가,
그것은 일종의 초월,
백 년 전에 잃어버린 처자식 생각과
천 년 전에 놓친 몸이 만져질 것만 같은
고통도 감동도 없는
박물관 같은 집들을 지나다 보면
슬그머니 무단침입하고 싶다 빠져들고 싶다
생면부지의 악수에서
최면에서 깨어나려면 더 지독해져야 한다는
여관과 술집들과 전전했던 화투패들……
마침내 내가 나를 뜯어 먹고 있더라는 점괘,
그것은 일종의 농담,
완벽하게 뜯어 먹힌 나는
이제 깨어나기 싫다
이제 깨어나기 싫다

피아노학원 근처

띵
꽃피었다 지는 늦은 봄날

똥
몇 개의 인식표를 달고 있는
전선들, 사이로

띵똥
쇼핑백을 들고 종종종 길 건너는
아줌마, 손가락의 루비 반지에 들어
잠시 쉬어가는 중형택시의 미등에서
길바닥의 화살표가 고개를 젓는다
동의하는 미용실 간판, 뱅뱅 도는

띵똥 띵똥
피아노 학원은 2층,
서툰 음계를 타고
꼬치전문점이 떠받들고 있는

옥상에는 몇 그루의 나무가
비둘기 몇 마리 아득하게 날아가는 저녁 속으로
신록을 쑥 내밀고
생육하는
사육하는
할인마트, 굶주림과 절망을 할인해주고
간혹 오래전의 안부 인사도 배달해주는
너그러운 할인마트,

띵똥 띵똥 띵띵띵 똥똥똥
서투른 손가락이 스윽 문지르는
땅거미가 깔리는
최신컴퓨터세탁(소) 앞(옆)

떨어진, 찢어진, 버려진
규격봉투 속의 냄새를 맡고
꼬리를 저무는 개 한 마리
저만치 건널목의 풍경을 일별하고

간다

날이 다 저물도록 돌아오지 않은
띵똥 띵똥 띵똥 띵똥 띵똥

황야의 공중전화

망설이지만, 결국 일련번호를 누른다
……어떤 멜로디는 전생같이 멀다
모든 게 시작되어버린 다음이다
끝장일지도 모른다
첫말을 어떻게 시작할 것인가
적확한 비유가 필요할 텐데,
전속력의 자동차들
숫자판의 흙먼지
날렵한 배경을 살았다고 믿었는데
유리얼굴이 침을 꿀꺽,
(지나가는 사람이 투덜거린다)
등장인물은 담배를 피워 물고 자신을 진정시킨다
무릎을 반쯤 꺾고 독백해본다
마침내 기침이라도 해본다
이미 시작됐고 끝은 뻔하다
풍부한 경험으로 숫자를 누른다
(저 미지의 목소리—)
목에 밧줄을 매는

짧은 호흡
불안한 햇살이 눈을 찌른다
긴 신호음……
목이 탄다 가래를 캭 뱉는다
이 현실은 가짜야,
바깥의 구두가 유리벽을 쾅쾅 차버린다
고정돼 있던 홀로그램이
주파수를 찾아 혼비백산,
저 목소리는 매번 알아들을 수 없다
(아무도 그를 거들떠보지 않는다)
소음마저 끊긴다
아스팔트에서는 누구나
불법체류자들이다

기차의 얼굴

기차가 들지 않는 기차역, 저 구석진 잠은
넌덜머리나는 서사는 이제 끝났다고
돌아누운 냥떠러지다
한낮의 소슬한 매미 소리와 술 한 잔의 유행가와 아이들을 호통 치던 엄한 목소리마저
후렴처럼 절그렁절그렁 그건 오랜 전설이었다고
쇠바퀴 소리로 뒤척이다가 끄응 돌아눕는다

가훈처럼 단단한 잠을 흔들 수는 없다
배가 고프면 자꾸만 웃음이 난다고
해가 들지 않는 와행(臥行)이야말로 극락이라고
실밥 터진 주머니 속에는 언제든 결행할 비수 하나쯤 품고 사는 거라고
빈 술병처럼 오래 참다가 뱉는

숨,

기차는 기차의 얼굴을 모른다

탐조등이 지나가고 또 지나가도
맑은 물과 산그늘과 밥 한 그릇을 잘 차려놓은 듯이
지치지 않는 지평선을 사는 행불(行不)을
신성한 은혜로부터 배제된 영토라고 할 수는 없다

담배꽁초를 옹호하듯 빽빽 빨아대던 사람
시작도 끝도 없는 주인공들의 알리바이를 입증하기 위해
어금니에 불빛 한 점 물고
기차는 돌아와 뜨거운 차를 마시겠지만
아무도 기차의 얼굴을 본 적이 없다

복면을 한 사람들이 저기, 몰려온다

망명신청

설마하니 나를 받아줄 국가가 없겠는가,

발자국도 고귀함도 친절도 자본이 되고 국경이 되는 선민의 나라, 어떻게든 돈을 긁어모아야 하는데 무슨 꼼수를 쓰더라도 저 늙은 선생들의 뒤통수를 살살 구슬려서 쌈짓돈까지 내놓도록 감언이설, 제갈량의 통박을 빌어 아예 한 살림 내놓도록 계시를 내려주어야 할 텐데,

위조의 혐의는 낡아빠진 경전, 닳고 닳은 설법으로는 바다를 건널 수 없다는 게 입증되었다 이민자들 사이에선 금기된, 거들떠도 안 본다는 어둠의 통로, 만약 새로운 시대와 신성의 터전을 찾는다면 나는 너무 늦었는지 모른다고 후회해야 한다 비행(非行)을 가르치지 않은 불손한 족속들이나 마법을 가르친 학교부터 규탄해야 한다 그리하여 형제와 이웃들의 순진한 지붕들을 비웃으며 산을 넘어야 한다 그곳이 나를 기다리나니,

설마하니 나를 내쫓기야 하겠는가,

의심받을 만한 놈들을 의심하더라도 세금도 연체된, 국가

에 의한, 국가를 위한, 국가의 출생신고부터 위조된 일개의 무명씨가 한갓되이 사라진다 해도 새로운 사회질서와 복지 국가의 구호는 더욱 강화될 것이니 의심하지 말자, 산 하나만 넘으면 된다

최초의 국경선은 내 몸이었다, 라고 선언한다
그것은 도발적인 위증이라고 논증할 대학 교수는 없으리라
법도에 어긋난다고 호통 칠 반상은 아예 없으리라
햇빛을 쫓아버리는 거대한 유리창— 샅샅이 뒤져봐도 안 보이는 구중궁궐의 주인들은 대단히 바쁘나니,
슬그머니 벽돌을 옮겨도 모르리라

어떤 농담

지나던 마을 누군가의 집을 무연히 바라보다가 초대라도 받은 듯이 문을 두드리고 싶다 생면부지를 대하는 집주인은 뜨악한 눈길로 무한천공을 쳐다보고 나선 낡은 구두를 발견하리라 여정만큼이나 까무룩한 놀빛도 보게 되리라 오래된 친구는 간혹 예기치 않은 사건이라오, 가족에게 나를 안내하리라 눈 밑 주름으로 웃음 짓는 그의 아내는 따스한 목욕물을 데워주고 어린 아들은 레고 조각에게 짜증을 내고 입술 붉은 딸은 새초롬하리라

집주인과 겸상을 받으리라 제육볶음과 김치찌개를 게걸스레 먹으며 예절과 농담을 곁들여 배가 부를 것이다 식탁을 물러나서는 향이 좋은 차를 머금으며 창밖을 바라본다 조용하고도 별이 반짝이는 듯한 목소리로 말하리라 굽 닳은 산맥과 사막의 별들, 수많은 골목과 비탈진 저녁이 삽화로 끼어든다 그래, 가끔 흐릿한 풍경에 색칠을 하고 싶다고, 깊은 숲에 내리던 햇살과 울타리의 꽃들을 그려 넣고 싶다고 말한다

깨끗한 이부자리와 따뜻한 우유와 아이들의 웃음소리……

아침에는 악수를 나누리라 그의 아내는 여전한 미소로 배웅하리라 내가 준비한 선물은 벌레 구멍 송송한 나뭇잎들뿐이지만 기별 없는 기별을 위해, 오래된 농담을 위해 말해준다;

간밤에 나는 이 집의 주인이었다오 아직 해가 저물지 않았으니 오늘은 늦지 않게 돌아올 것이라고 아내와 아들과 딸에게 전해주면 좋겠소만,

그대를 위한 홀로그램

하루 종일
아무것도 하지 않으려던 계획대로
아무런 일도 하지 않았다
네거리를 바라보기만 했다
유일한 행동은 (곧 후회했지만)
새로 나온 생활정보지를 가지러 다녀왔다는 거
다소 지루해졌다고나 할까
빼곡한 것들을 살필 필요는 없는
그렇고 그런 내용들을 그냥 버렸을 뿐
손톱 밑이 꽃씨처럼 까매진 것을 (새삼스레)
발견했고 고양이가 쥐새끼를 쫓는
광경을 아깝게 놓쳤다 (라고 말할 때는
하루 종일 굶은 기분이 든다)
어쨌든, 꼼짝 않고 눈만 끔벅거리며
번잡을 견디는 지난한 일
그런 노역을 아는지
은행나무가 약간의 그늘을 더 넓혀주었는데
관심사는 그런 거였지

담벼락에

긴요하게, 비스듬히 기대었다 가는

그런 일,

애당초부터 기대하지도 않았던 일이지만

어제보다 오늘은

큰길 쪽으로 눈길이 더 자주 갔었다는

마이크로

한 가지 일만 반복해야 가능한
인류,
오직 그 자세를 지키기 위해 태어난 전문가들의 운명은
꿈을 잘 지켜내는 것
이대로 화석이 되어 후대에 발굴된다면 그런 영광이 어딨겠나,

'학문이나 기예에 통달하여 남달리 뛰어난……'

한 호흡 동안 지나쳐가는 자동차 수를……
바퀴의 마찰이 생태계에 미치는……
꽃의 속도, 이게 왜 필요한 직업인지……
모르겠다, 어쨌든 연봉환산의 좌표……
하품 전문가……
강아지 털에서 엑스터시를……
응급실 복도에 찍힌 발자국들의 속도와 감정들……
매미가 궁상각치우를 잘 엄수하는지……
바늘귀를 관통하고……

'널리 사물의 이치를……'

방문객들은 기념사진을 찍어대고
유명한, 역사가 되었다

마네킹 몽정

더 이상 사랑은 없었다
그이는 주문제작을 위해 가공의뢰서를 작성했다
헤어스타일, 키, 이목구비, 성적 취향까지……
그러나 명백한 건 아무것도 없었다
함께 춤이라도 추어야겠다 팔다리를 휘둘러댄다
막춤이야말로 가장 신성한 인간의 몸짓
그러나 이곳은 늘 어울리지 않는 무대였다
가방을 둘러맨다 바벨의 지도는 없지만
피해망상의 날씨는 매일 반복되고 또 증식되었으니
섹시한 여배우처럼 애증의 반려,
키스는 멀어도 그 입술은 기념품처럼 남는 것
더 이상 그리움이 없을 때
더 이상 삶이 없다고 말해야 할까
그것은 해피엔딩일까 새드엔딩일까
규격에 맞춤된 몸이 마지막 반전일까
수치도 열망도 사라지면
오르가즘을 경전으로 모실 먼 훗날이라고 말해야 할까
사랑 없이도 사랑할 수 있겠지만

밤 창문을 젖히면 위대한 예언처럼
마지막으로 자위를 배우지 못한 걸 후회해야 할까
끔찍하게도 번화한 숲을 산책하며 그이는 깨닫는다
배달된 사랑은 불량품이었다
더 이상 믿을 수 없다는 듯이 사타구니를 더듬는다
이게 암컷인지 수컷인지,
문득 멈춰 서서 옷을 훌훌 벗어야 했다

우두커니

우두커니 신문을 넘긴다

사소한 내용에 진저리치며 정수리 언저리를 꾹 누른다

헐렁해빠진 기억으로 고개를 갸웃거리다가 문득 몇 걸음을 옮긴다 휘파람 소리가 난다

뺨을 가볍게 두드린다

문을 통과한다

고개를 한번 끄덕여주는 것으로 제의를 치른다

안과 밖이란 얼마나 지루한 선문답이던가

여행을 묻던 노인은 기괴한 손으로 흰 수염을 쓸면서 혀를 몇 번 찼다

나는 교육받지 못한 구멍이에요,

항변해보지만 노인은 긴 손톱으로 이마를 꾹 눌러주었다

우두커니는 구멍을 헷갈린다

아무도 알아듣지 못하는 말을 지불하고 주유소에 들러 하루치의 몽상을 채운다

길바닥과 놀다가 뒤뚱거리는 걸음으로 일용할 사료를 쇼핑한다

조금 어지럽다고 느낀다 어디로 갈 건지

삼 초 동안 고민하고
십 초 동안 서성대고
삼십 초를 기다리다가 사랑에 빠지기로 한다
노인은 학교를 지나 은행에 들렀다가 방앗간을 지나 동사무소에 들르고……
그러나 아무 일도 일어나지 않았다
거대한 상점의 유리창에 비쳐진
적나라한 우주!
명약관화한 실체들!
전 지구적 유형들을 관람했다
공원을 산책했다 여기저기 나뒹구는 찌라시들……
범람한 구원의 말들, 축축한 구름의 예언과 포클레인의 추악한 간음과 아메리카의 골동품들,
오, 구멍— 돌아보았지만
우체국 계단에 걸터앉아
오, 구멍— 어디선가 총소리가 들렸다 두리번, 문득 발자국을 발견했다 길게 뻗어난
—이따위 지리멸렬을 평생 끌고 다녔다니!

벌컥 화를 냈다 발자국들을 닦아내기 시작했다

학교를 지나 은행에 들렀다가 방앗간을 지나 동사무소에 들렀다가……

기다랗게 자란 손톱으로 발바닥을 파내려 가기 시작했다

오, 미치광이 갈릴레이!

비올레타 파라*를 기념하다

나는 그 피곤한 발을 이끌고 도시와 늪지,
해변과 사막, 산과 평야,
당신의 집과 거리,
그리고 당신의 정원을 거닐 수 있네.
—비올레타 파라의 노래 'Gracias a la vida'에서

언젠간 이 무대도 풍금 소리가 멈추겠지
후렴만 남은 노랫소리가 아직 들려올 때
밭은기침 소리는 낭하에 남아 오래도록 기척하겠지
멜로디는 휴일처럼 금빛으로 물들겠지
모두가 휘발되는 순간을 꿈꾸었던 거라고,

언젠간 이 무대도 장막이 내리겠지
나는 아버지들과도 영원히 작별하겠지
모든 순간은 강력한 벽이었다고 술회할 수도 있겠구나
한 무리의 낙오자들은 최전선 방어벽을 포기하고
패잔병들은 힘없는 만세 소리를 남기겠지,

언젠간 이 무대도 유폐가 닥치겠지
나는 아이들처럼 징징 울지 않을 거야, 다짐하면서

가구를 옮기듯 해가 지는 쪽으로 의자를 돌려 앉겠지
나는 영장류인가 이상한 동물인가, 궁금한 얼굴로
저물녘을 함께 저물기도 하겠지,

언젠간 이 무대도 그림자마저 떠나겠지
빠져나갈 수 없는 꿈인가, 또 물으면서
벽을 붙들고 구토 중인 사람과
춤을 출 수도 있겠구나, 여보세요 여보세요……
응답 없는 광야의 노래를 새로운 듯이 부르겠지,

언젠간 이 무대도 검은 증명이 필요하겠지
동정이 필요한 슬픔은 우리들의 양식,
벽을 장식할 만한 것들을 그리워하면서
개 짖는 공허한 메아리를 영원처럼 바라보면서
아직 커튼을 내릴 때가 아니라고 일러두겠지,

언젠간 이 무대도 기념할 만한 꽃이 피겠지
혼동하기 쉬운 애증이 반복되어도

포탄과 지뢰가 터지고 불구와 참혹의 주인공일지라도
여행자들에겐 새로운 축제가 필요하지
수수께끼를 던지는 사람들의 불꽃을 위해,

---

*비올레타 파라: 칠레 민속음악의 선구자로 알려진 가수.

넌 희한한 짐승이 됐구나

돈키호테를 기다리고 있다고 또 말했어
고도를 기다리는 시간이라고 누군가 말했어
우리는 모두 기다리다가 잠이 들곤 했지
동시에 찾아온 어둠 속에서 또 누군가는
희망봉이 어디 있냐고 물었지,

누군가는 잠결에 아프리카! 라고 중얼거렸는데
정말이야? 의문의 목소리가 들려왔어
정말이야? 모두가 의문에 찬 목소리로 외쳤어

우리는 잠이 깬 탓에 다시
돈키호테를 기다리고 있다고 또 말했어
고도를 기다리는 시간이라고 모두 말했어

오래전에 나귀를 끌던 사람이 촛불을 켰어
말이지, 글쎄 이놈이 똥을 싸지르는 거야
말이지, 벤츠도 어쩔 수 없었다니까
말이지, 경찰들도 수레를 에스코트 했다니깐

말이지, 말이지, 말이지……
세상이 일시정지에 걸린 것 같았지

그 목소리는 흥분 때문에 점점 커져 갔는데
말이지……는 마침내 코 고는 소리에 그쳤어
뒤척거리는, 꿈도 없는, 잠조차도 기다리는 일
그리고 잠이 깨면 서로에게 말하지,

넌 참 희한한 짐승이 됐구나

강허달림*

그이의 노래는 오늘도 폭설이 내린다
나는 자꾸만 미끄러지면서도 사랑한다고
아무도 듣지 않는 속삭임을 되풀이한다
축축한 구두와 시린 가슴팍으로
언젠가는 저 설원을 넘어가야 한다고,

그이의 노래는 끝없이 주문한다
외투와 키스의 저 모래언덕을 넘어야 한다고
샘을 찾는 여정은 벌거벗은 몸일 수밖에 없다고
별자리는 애초부터 미끄러운 충고였다고
오아시스는 그저 기적이 아닌 생활이라고,

그이의 노래는 어느 순간 사라진다
녹슨 바퀴처럼 끅끅 헛바퀴를 돌 때도 있다
장대비처럼 쏟아졌다가 땡볕처럼 말짱해진다
그런 날씨를 평생 살았다고 회고하면서도
악기를 위한 농사를 지은 적이 없었노라고,

그이의 노래는 꿈결마저 출렁인다
따스하고 부드럽고 자비로운 손길은
무지개처럼 피었다가 스러지는 가파른 계단이지만
자장가가 들려오는 그 집 앞에서 구두끈을 풀며
언젠가는 저 지붕을 고쳐야 한다고,

---

*강허달림: 한국의 싱어 송 라이터로 독특한 음색과 리듬의 뮤지션이다.

남쪽에 대한 농담

나는 풀 내음이 몸에 밴 사람,
초록의 태생을 어찌할 수는 없다네
배회하는 고양이들에게
우울한 밤 창문에게 술친구들에게 나는 말해주네
날개가 한 마장이나 되는 새들의 고향
남쪽은 왕들이 사는 곳이라네
구두끈을 단단히 매라구
열쇠와 깃털을 충고하겠네
버려진 탁자를 데리고 갈 수는 없어서
편자 박은 구두를 선물했네
며칠 후면 전설의 새가 만 년을 참아온 숨을 쉰다고 하네
믿거나 말거나 하는 말들이겠지만
베갯잇에는 매일 비밀스런 지도가 그려지지
그렇지만 어리석은 정답을 말할 수 있는 권리는 누구에게라도 있다네
은밀하고도 공공연한 비밀이지만
풀꽃으로 배가 부른 사람은 또 말해주네
도깨비들의 언덕을

단 한 번이라도 보고 싶겠지만
누군가 좋아했던 노래를 좋아하게 된다면, 그건
운명적인 사랑이라네, 그런
농담 가득한 가방— 뭐든지 쑤셔 넣어도 헐렁한
대합실 구석에게
닳고 닳은 뒷굽에게
오랜 말벗이었던 가로등에게
그리하여 나는 어느 바위에 걸터앉아
심연에서 솟구치는 둥근 물방울들을 노래하겠네
언제 떠나왔는지 여기 살았는지
묻지는 마시게, 불멸의 지평선으로 태양이 떠오르고
그 한가운데로 배가 지나가듯
물안개의 터널과
제멋대로인 항로와
무슨 영감(靈感)도 없이 총소리처럼 깨어난 얼굴들끼리
뽕짝에 맞춰 너풀거리는 옷자락일 거야
출렁거려야만 보이는 등대일 거야
자 남쪽이야, 그 말을 정녕 믿어야 하네

떠나지 말라고 경고하던 가장 위험한 말을 알약처럼 삼키면
모든 게 흑백 화면으로 바뀐다네
이제는 자네가 대답할 차례라네

제2부

바퀴오디세이

농사꾼이었지만 결국
공장을 세워 먼지를 대량생산했다

모든 이야기는 이렇게 시작된 거다

쇠바퀴의 후예들은 벨트라인으로 연결되었지만
뿔뿔이 헤어졌다

다음 이야기는 불가능의 모험,

그래, 네 아비는 어떤 사람이었더냐?

모든 이야기는 새벽까지 이어지고
그 아침에 아이들이 태어나게 되어 있던 거다

오늘도 새로운 작업 지시가 내려졌다

모든 이야기는 이렇게 끝나는 거다

21그램*의 행려

오늘은 이렇게 쓰는 걸로 하룻밤을 정하자

산도 봤고 바위도 봤고 어쨌든 하늘은 맑았다
일곱 살이었다가 스물아홉 살이었다가 지금은 홀로 빛나는 저녁이라고 쓰자

쇼핑할 수도 없고 하모니카의 연인을 부를 수도 없지만, 언젠가는
점자처럼 더듬더듬 더듬거릴 수도 있겠지

어느 날처럼 쭈그렁 달이 뜨고 꽃도 봤고 비행기도 봤다고
기어코 다음날처럼 태양은 떠올랐다고 쓰자

만화책을 뒤적이면서 티브이를 하루 종일 봤다고
삽화 몇 장 끼어도 상관없는 날씨였다고 쓰자

날개가 낡았다는 걱정도 구두가 빵구 났다는 푸념도
어쨌든 하늘은 맑고 화창해서 행운의 징조 운운했다고 쓰자

>

모기 물린 자국이 가려웠다고, 그렇게만

---

*21그램: 멕시코의 알레한드로 곤잘레스 이냐리투 감독의 영화. 사람이 죽는 순간에 21그램이 줄어든다고 한다. 그 무게는 과연 영혼의 무게인가, 고독의 무게인가.

채플린 씨에게 보내는 편지

모든 애증의 물결인 채플린 씨,
나는 뒷골목을 배회하거나 번화가를 질주하는 중,
이라고 말하지만 그 의미는 늘 모호했습니다
오늘의 예감 역시나 회벽 너머의 태양이었을 뿐
절대적인 지팡이는 만찬을 위해 허공을 두드렸겠지만
채플린들은 궁전에 초대받은 적이 없으니
나는 여전히 어둔 골목이나 지구별의 옥상을 어슬렁거리는 중,
이라고 또 애매하게 말할 뿐입니다

모든 저술의 주인공인 채플린 씨,
오늘의 조간신문에서도 수많은 채플린 씨들을 만났습니다만
당신이 당도하였다는 어느 벌판의 아침을 나는 믿을 수 없답니다
안개 깊은 골짜기의 행려는 마침내
숭배의 사막을 지나 안개로 둘러싸인 대륙에 당도하였다지요

나는 숲속에서 뛰쳐나와 평생 벌판을 달렸습니다만
나침반 없는 세계였으며 가죽지도의 부호는 얼룩으로 이루어진 길이었으므로
아아 물꽃처럼 형상 없이 여윌 수 있는 당신을 기꺼이 축원하였습니다만
대대손손을 위한 풍요의 모국어는 어떻게 기록해야 하는지요

상상력과 기도와 가로수의 어버이이며 자손인 채플린 씨,
이젠 비탈에 깃든 햇살의 노래를 부르고 싶습니다
당신의 서명이 찍힌 염소를 키우고 싶습니다
당신도 우두커니 벌판을 횡단한 적이 있었겠지요
벽돌과 민들레와 똥개와 구름의 친구인 나의 채플린 씨,
당신의 서랍 속의 뚱뚱보들은 안녕한가요?
당신의 미소가 담긴 술병을 비우다가
당신을 꿈꾸기 위해 두 손을 모으고 기도합니다
부디 거처가 마련되거든 소식이라도 주시길, 총총

황금물고기*

악보 없이, 줄이 하나도 없는 기타를 퉁긴다면

하루 종일 손바닥을 들여다보며 장편소설의 주인공처럼 회고적인 얼굴이 된다면

너의 기나긴 이야기를 끝까지 들어주며 고개를 끄덕여준다면

가로등이 켜지고 이웃집 검정개가 지나간다면

여전히 먼 눈길로 커피 향에 온몸을 적신 채
저기 먼 불빛들은 희극일까 비극일까
아프리카 혈통일까 잉카의 전사일까 칭기즈칸의 후예일까

그러나 더는 생각을 고치지 않는다면

유리 얼룩 사이로 코끼리가 지나가는 계절이라면

아무도 본 적 없는 신묘한 악기를 품은 채
그것이 바로 너라고 일러준다면

내가 나를 위해 노래 불러주고픈 저녁이라면,

---

* 황금물고기: 르 끌레지오 소설 제목.

나의 잠파노*를 위하여

나는, 모든 굽이침의 결말이었다
밥벌이로 단련된 근육은 헛구역질처럼
푸석거리고 어둠 속의 휴식은
어제 했던 말을 자꾸만 되풀이하고
고독을 위해 독한 술을 퍼부어대야 했다
떠돌아 온 길은 모두 길이 아니었으므로
결코 나무를 심지 않았다
텃밭은 바퀴들의 끔찍한 무덤
울타리를 짓밟고 문패를 부러뜨리며
떠나야 하는 일자무식쟁이는
밤늦은 가로등 아래 뜬눈으로 지새우며
오래된 사랑을 기다려야 했다
나는 늘 내가 궁금했다
어느 날은 철철 눈물 흘리는 달빛을 보았다
그 눈망울에서 북소리가 울렸다
쿠웅쿠웅 울리면서 또 언제 그랬냐는 듯이
내가 아는 천사는 웃는다 저런 천치 같은
돌멩이를 수없이 날렸다 나는

돌아보니 아무도 없었다 나는
비탈진 밥그릇을 들고 달그락거리면서
쇠사슬 절렁이며 사람을 찾아가는 흑백영화였다
지독한 허기는 물먹은 바람 때문이었다

---

*잠파노: 페데리코 펠리니 감독의 영화 〈길〉의 남자주인공.

나의 젤소미나*를 위하여

1

빵 속 크림만 떠먹는 소녀가 있었다
허허벌판을 어리둥절 돌아온 그이들의 우연처럼
오래된 숨소리들이 빚어놓은 어느 모퉁이에는
유에프오 같은 얼굴로 슬그머니 손을 들었다 내리면서
지구 한 바퀴가 하룻밤이라고 노래하는 시냇물소녀가 있었다
나는 어제 그 자리에서 오늘처럼 다시 태어났던 것이다 그리고 곧바로 버려지는 자식이었으니
빵의 후손들은 주소조차 없는 숲속에서 사라졌다는 소문뿐,

반짝이는 미소를 가진 모퉁이소녀는 크림을 핥으며
바퀴들이 굴러가는 광경을 바라보았다 소녀가 할 수 있는 유일한 일은
나팔을 부는 것, 달콤하고도 아름다운 크림반죽이 흘러나오는 나팔소리에도
돌아보는 사람은 없었다 그리하여
담요 한 장 둘러쓴 채 언제나 맨발인 뭉게구름소녀는 더

이상 발견될 수 없었다
미지의 언덕을 관광객들이 스쳐 지나갈 때
나는 우두커니 앉아 모퉁이로 이루어진 사람들을 떠올렸지만
고독한 멜로디는 어느 캄캄한 곳으로부터 들려왔고
거리에는 그림자들만 가뭇가뭇 명멸하였으니,

크림소녀는 더 이상 빵을 얻지 못했다
날개 없는 곡예사를 초대하지 못했다 더 이상 꿈을 꿀 수도 없었다
크림을 잔뜩 묻힌 얼굴로 허겁지겁 돌아온 집에는
오래된 화병과 빛을 잃지 않는 꽃들이 꽂혀 있었다
그렇게 나는 아무런 징후도 없이 영원처럼 다시 태어났다
신기루의 아버지와 어머니가 착각한 것이었다

2
소녀를 발견한 마지막 사람이 돌아오기를,

---

*젤소미나: 페데리코 펠리니 감독의 영화 〈길〉의 여자주인공.

벽 속의 빛

버려진 시계는 정확하고도 영원해서
먼지를 뒤집어쓰고서도 2시 31분,
발로 걷어 차버려도 끝끝내 버릴 수 없는
벽의 시간,
여태 동냥그릇 하나 얻지 못했지만
내가 모르는 보물지도가 그 어딘가에는
분명 있을 거라고,
쓰레기더미 앞에서 믿게 된다
이것은 첫 경험,
뜯어낸 벽지 속에 은밀히 적었던
그러나 기억도 나지 않는
깔고 덮고 잠들던
뜯어 먹고 뭉개고 다투던
벽은 눈뜨고 더듬어야 할 방랑이었으니
빌어먹을 2시 31분,
발로 걷어차지도 못할
그것은 코스모스의 정확한 각도,
다시 태어날 순간을 기다리면서

너무 외롭구나, 아아아 하품이나 해볼까
그러면서 아무 말이나 지껄이고 소리를 지르고 싶겠지만
이제는 재잘거릴 수도 없는
벽의 간격,
너덜거리는 2시 31분,
정확하게 끝나버린 바닥,
오늘밤 별똥별 하나 찾아와 악수를 청할지도,

하얗다, 라고 문득 중얼거려지는 때가 있다

아침엔 문득, 혼령처럼 하얗다! 라고 중얼거렸다 밥 안 먹어도 한 사나흘은 배부르겠다고 생각하면서 기지개를 한껏 젖혔던 것이다 내가 모르는 생각은 간혹 간밤 내 쌓인 눈처럼 뒤덮이기도 하는 것이어서

개가 껑충거리는 걸 보았고 감나무 가지 휘늘휘늘 사방팔방으로 눈가루 날린다

하얗다!

게으르디게으르게 늦잠이나 자던지 동치미 국물 맛으로 하루를 건너도 좋겠다고, 또 생각해보는 것이다 마당이나 좀 쓸어내라는 성화도 좀 비켜서서 그냥 두고, 고샅 너머 산 너머 구름까지 녹아드는 때까지 눈썰매나 팽이치기나 눈싸움의 기억으로 고드름 간들거리는 처마가 꼼지락거리는 걸 바라보면서

또 하얗다!

쌩쌩바람 때문이라는 듯 발소리도 숨소리도 가슴도 괜히 쿵쿵거려지고 먼발치로다가는 새소리도 하얗기만 한데, 아

랫배까지 흘러온 허기도 물들어져선 설레는 마음이 또 고개를 빼고 쭈뼛쭈뼛 내밀어보는 것이었는데,

거기 누구 있소?

하얗고 하얗다!

그냥 하얗다고 중얼거려지는 때가 있다 저 논길 몇 굽이 돌아가면 까치들 날갯짓만큼 떠밀린 성긴 것들끼리 또 하얗게 휘어지는 길모퉁이에 보퉁이 하나 달랑이며 가는 저 할매, 하얀 걸음으로 닿을 곳은 어딘지? 소맷자락 붙잡고 싶어진다 그러면 타관객지 나가 가난한 노래도 팔고 악다구니꽃도 팔아 청춘의 대륙을 횡단하는 자식놈들 생각에 허리를 쭈뼛 펴보는 것이니

이제는 꽃이 피어도 좋을 건데

이제는 꽃이 피어도 좋을 건데,

엘리베이터 앞에 서면 나는 단정해지지

함부로 휘날린 머릿결
보물지도가 숨어 있는 스테인리스 벽
가지런한 숫자판…… 저 꼭대기
손가락으로 꾹 누르면
어느 날에는 타임머신 타고 훌쩍
관목 숲 사이
눈망울만 멀뚱한 채 신비한 소리를 들으며
절벽을 마주한 것처럼
뭔가 고백해야 할 것처럼
그렇게라도 하지 않으면 안 될 것처럼
넥타이를 고친다
지고지순한 얼굴이 되어
투명인간도 흙으로 돌아갈까?
저 은하수는 언제 적 계단이었을까?
입에선 연신
물고기처럼 보글보글 물방울만 피어나오고
언젠가는 새로운 층계를 이루기 위해 물 밀려올
개 짖는 소리나

지독한 냄새들이
왜 지붕을 찾아 맴을 돌았는지
저녁의 아이들은 왜 지저분해지는지
이해할 수 없는 일들처럼
하이힐이 눈치 빠르게 뛰쳐나가는 동안
아무리 높이 올라도 전망할 수 없는
매일 등장하고 퇴장하는
하루 종일 승강만 하는
지상에는 아직
아무도 닿지 못한 게 틀림없다

립스틱이 묻은 유리의 빛

그이는 미확인생물체,
잠시 자리를 비운 주인공의 다른 이름이다
매일 반복되는 저 유리창들
계단은 허공을 범접한 가장 높은 신(神)이지만
두서없는 건물들 때문에
세입자로 살다가 떠날 뜨내기들은
날마다 새로운 변명을 개발해야 했다
토굴 앞에서 심심한 뻑뻑이나 터뜨리면서
세상의 중심엔 아무도 없었다고
개새끼가 담배연기가 파격세일이
질주하던 차를 정면으로 들이받아 버렸다고
저 외로운 투신들은 구시렁거렸을 뿐,
스위치만 눌러버리면 되는
별밤에도
쇼윈도의 광활함에도
능수능란한 엘리베이터의 활강에도
돌아오지 않는 그이 때문에
얼음을 맛보듯 달빛을 맛보듯 헬륨 먹은 듯

애완견 같은 목소리로
누가 저 문을 열었을까, 하염없이 물은 것도 같았는데
스위치만 누르면 완벽하다고 믿었는데
그이의 증언은 거부되었다
꽃들의 발작과 유사한 빛과 효과음은
불법이었다

길모퉁이 카페

거기 아주 오래된 사람들이 있지
뭘 마실까, 묻지 않아도 목을 축일 수 있지
히든카드 같은 손들
멱살잡이 악다구니들은 밤새도록 떠들어대고서야
아침이 온다는 걸 깨달은 거라네
하울링에 흘러가는 노래와 기타 소리
뿌연 담배연기와 한숨 섞인 욕설과
길고양이가 어슬렁거리는 밤바람의 친구들,
그렇다 해도 하룻밤을 평생처럼 다 살아버릴 수는 없어서
간혹 놓쳐버린 운명처럼 고향을 묻지만
형광불빛은 깜박거렸고
절름발이들에겐 특별한 기술이 필요했지
그런데 사랑만큼 멋진 기억이 어디 없을까,
서로 물었지만 악보 없는
아무렇게나 튕겨보는 기타 줄에
햇빛 맑은 아침의 창문과
새들의 날개 소리를 들을 수도 있겠구나
그래, 마음을 풀어주면 얼마만큼 멀리 갈까

소화불량에 걸린 편의점보다
불 꺼지지 않는 은행보다
급브레이크 밟는 붉은 신호등보다
품어 안을수록 살붙이가 되어가는
길모퉁이가 된 사람들,
손사래로 헤어져 가는 시절에도
네온불빛은 길바닥을 울긋불긋 적시고 있겠지

옹기를 깨다

부러진 문살을 매장하였네
소주병의 빗물을 비워냈네
실패한 아버지는 말하였네

; 파괴하지 않으면 망하리라*

파산한 울음은 그릇을 지키지 못했네
금 간 장독 신출귀몰을
상서로운 사금파리를 얻었다고 해서
살림의 여백이군, 전통을 말할 필요는 없다네

나무의 형제는 무지개를 찾아 떠나고
독수리였던 유리창은 실연에 울지만
깨진 징소리는 더 이상 신명을 부르지 못한다네

훠이—

울타리 밖 나팔꽃은 행불,

물방울의 예언은 더 이상 영원을 구하지 못했네

애초부터 정해진 길은 없었다네

---

* 니체라는 광기를, 고백할까 말까?

얼룩을 기록하다

지금 '읽고 있는' 이 기호들 때문에
교묘한 속임수에 빠진 것이다

수없이 낭비한 기록들이 쑥, 혀를 내민다
바위에게도 사연이 있다는 것을 증명하려는 듯
이미 꽃의 무늬까지 생긴 걸 보면
빗방울이 진화를 거듭하여 문서가 된 것이다

해수기침 소리 낭자하게 내걸린 어둔 창에서 나는
알 수 없는 누군가의 내력을 물려받아야 했다
뭉클, 만져지는 경우는 드물었지만
새와 풀잎들에게 약속을 하지 말았어야 했다

維 歲次 庚寅年 二月 열아흐레 밤에
淸酌을 올리고 告한다
尙饗, 再拜하고 소지한다

아버지는 기억할 수 없는 나뭇잎들을 남겼다

얼룩도 진화했다고 할 수밖에 없게 되었다
때 절은 옷을 다시 걸치지만 몸을 잠글 수는 없다
허방을 살아야 한다 마침내 원본 상실되는 시간,

어느 낭떠러지에는 기억할 수 없으므로 완성되는
기록이 있다

쭈그렁 달

마늘 먹고 뜨는 달
가렸다가 보였다가

쑥 뜯어 먹고 뜨는 달
보였다가 가렸다가

높다란 빌딩에
골목 깊은 처마에

절뚝 절름발이 저 달
쭈글 쭈그러진 저 달

아프리카에서 핥아 먹은 달
북반구에서 포크에 찔린 달

그리운 눈빛에 가려
허기진 구름에 가려

한반도에서 숟가락 긁는 달
올무에 걸려 울음 우는 달

가렸다가 보였다가
보였다가 가렸다가

어느 행선지

대합실 구석 엉덩이 움푹한 의자에

덩그러니,

실밥 터지고 손잡이마저 떨어진

가방 하나

주인이었던, 주인은 오지 않는데

흐르는 강물……

만지면 쏟아져버릴 삿대질 같은 솔기들

막차는 떠나고 비상구만 남은 벌판에서

먼지로도 채워지지 않는 행로……

>

아직 당도하지 않은 기별만

홀로 뚱뚱, 뚱뚱해지는

모퉁이는 반짝거린다

오랜 발소리…… 자국들이
손때 묻은 가로등 너머로 가물가물
떠날 때는 구두를 닦았으리

물살은 급하고 날마다 움푹해졌지만
아침 햇살과 저녁의 유리알들은
천사를 위한 것만은 아니었으리

붐비면서 반짝거리지만
우연이었다고 해도 울퉁불퉁한
저 모퉁이는 오늘도 새로 윤을 얻었으리

꽃자리가 된 영롱(玲瓏)은
맴을 돌다가 자맥질하는 안부 인사였으리
오랜 발소리…… 자국들은

제3부

백결의 아내가 콩 타작을 하는 저녁

뭇별을 꾸어다가 저녁을 차릴 수도 있겠다

쭈그러진 저 달에게 마당 한 칸 비워주는 것도 좋겠다

치 떨리는 세월을 두루 감친 몸 가냘프다 해도 맵찬 도리깨질은 은하를 두루 통섭해 들일 기세다

……그리고 하늘에 이르는 계단*을 덮는다 서생(書生)의 농업이야 비탈일 뿐,

지축을 후려치는 저 근력으로는 성벽을 쌓을 수도 있겠지만
식민지의 왕이 파천하는 날처럼 아랫목은 차고 곤궁하다

콩알들 통통 튀어 잔돌들 낙엽에 숨는다 해도
회초리로 저 밤하늘을 쳐댄다 해도

정착한 가장(家長)들은 저 알곡들을 한 마당에 다 거두진 못하리

---

* 제카리아 시친의 『틸문, 그리고 하늘에 이르는 계단』에서 가져옴.

초록 강에서

길이 사라진 비탈에서 만난 저 소나무는
내 상사(相思)의 꽃차례였던가,
그 아래 옷을 훌훌 벗어던지니
강물처럼 출렁이던 사금파리 박힌 청춘의 뒤안길이다
내 표류는 아직 어디에도 닿지 못한 것이다
어느 날의 숲에서는 온몸 초록 물이 들어
출렁출렁…… 저 나무에 깃들고 싶었으나
거기 산꼭대기처럼 우련한 사랑아,
산등성이의 여백과 물빛 그림자는
첫날밤 옷고름에 놓인 손처럼 뜨거웠던가,
저 숲 그늘의 여울은 다시 건너지 못할지라도
나는 바위를 빚어 화양연화지절(花樣年華之節)이라 믿었다
그리하여 벽돌만 떨어져 뒹구는 막전막후,
아무도 하늘을 향해 무릎을 꿇지 않을 때에
고독이긴 해도 여행을 앉힌 햇살처럼
나는 나를 애무하는 마음이 되지만
사소한 새떼나 명멸하는 나비라든가
은둔의 숲에 지는 별똥별이라든가

굽이굽이가 되어서야 가닿을 저 초록 강물은
나를 데리고 또 어디로 가려는가,
모래사막을 삼천 계단을 여쭙는
연화문(蓮花紋)으로 새긴 가물가물한 사랑아,
꽃 그린 물살이 사무쳐도 나는
저 소나무에 내 몸을 꽁꽁 묶어버리겠다

빗새를 찾아서

앞산이던가
뒷산이던가
이리 삐쭉 저리 삐쭉
이리 홀쭉 저리 홀쭉

날씨는 구부정해서 온 삭신이 다 사통팔달이고
온갖 잡새들은 부산스레 이리저리 날아다닐 적에
저기 당산나무 가갸거겨 끅끅 삼킨 사약 같던 그런 말이 떠돈다네
고쟁이 끌어당겨도 둥지를 털고 날아간 새들은
다 어디로 갔나 싶어서
물을 것도 없는 제 속살을 끝끝내 묻고 싶어서
윗대부터 천지신명을 부르던 저 우듬지를 끄나풀 매달고서 기어이 쳐 올랐던 거라네

이리 삐쭉 저리 삐쭉 불렀더라네, 그래봤자 제풀에 넋 나간 메아리뿐이란 걸 뻔히 알지만
이리 홀쭉 저리 홀쭉 손사래 쳐 보내는 건지, 자꾸만 불러

세우고픈 건지 모를 그 허연 손모가지가
　자꾸만 꿈자리를 어지럽히던 날갯짓이던가, 먼 들길이었던가
　그랬다네

　그래도 어쩐지 비가 올라치면 저절로 눈이 감아진다고
　눈을 감아야 가슴엣 것들이 다 밝혀진다고
　그러면 시방세계가 다 살붙이라면서
　비— 울지 마라
　울지 마라— 비비—
　먼 듯 가까운 듯 회오리치는 것이 꼭 낙랑장송이 무슨 신명을 내는 것만 같았다고

　앞산이던가
　뒷산이던가
　이리 삐쭉 저리 삐쭉
　이리 홀쭉 저리 홀쭉

---

*빗새: 이청준 소설 「빗새 이야기」에서 가져옴.

먼 불빛

스멀스멀 흘러서 상기도 자취도 없는
뒤란의 굴뚝에 연기 나는 집이 있다
낮은 처마 해수기침 소리는 가릉가릉
내가 얼른 죽어야지
웬걸요, 아직도 새각시처럼 고우신 걸요
흰소리 마라, 듣기 좋다만
눈 녹고 새 짓치고 강아지 꼬리치는 것만 할 것이냐
불효막심한 형광불빛 희미한데
댓잎은 지분지분 봉창에 어리고
굴뚝 연기는 사뭇사뭇 여염 걸음이지만
아직 철석같이 믿고 싶은 게다
또 세상 살아도 엄니 아들이랑게라우
꼿꼿하게 허리 펴고 겸상 앉아
또 흰소리…… 그러고는 꽃단장 해드렸는데
온몸 늑실늑실 지지고 두 발 뻗으시라고
화목보일러까지 놓아드렸는데
아궁이 불 때면서 벌겋게 단 그 얼굴로
헤실헤실 웃는데 허연 연기도

헤실헤실 뒤란을 맴돌아 가는데
부지깽이 들쑤시며 연기가 매운 것인지
잔설 덮인 산천이 매운 것인지
자지러지는 저녁 바람에 새삼 터져 나온 말이
우리 엄니 이뻤는디, 참말로 이뻤는디……
이놈 또 그 흰소리……
참말이랑게, 뜨건 얼굴 마른세수 하는데
멀리 저 한 점으로 빛나는
불빛이거나 별빛이거나 빛나는 것들은

신성(神性)의 꿈

내 말을 이해하려는 동물들과는 절교하겠다

나는 중력을 믿지 않게 되었다
겁 많은 사냥꾼들을 믿지 않기로 했다
나는 불 꺼진 유리창을 때려 부쉈다

고향으로부터 날아온 박쥐똥 냄새처럼
그래, 웃겨 봐, 웃겨보라니까……

그 손목으로 부치지 못할 편지를 쓰고
매번 성공하지 못할 종이비행기를 날리지만
세상 어디서나 손님들은 넘치기 마련이다

차라리 태양을 믿지 않기로 했다

내 말을 믿지 않는 원숭이들과는 절교하겠다

그 겨울의 윗목

젖은 양말은 아랫목에 걸쳐두고 동화를 읽었다

눈발은 쏟아져 가로등 근처가 산맥처럼 멀었다

그 집 아이의 젖살 붉은 뺨에도 순백은 어려

발자국 몇 개를 팔아 당나귀와 가죽 지도를 샀단다

몽당연필에 침을 발라 주소 없는 편지를 썼다

꽝꽝 빛나는 얼음의 친구들이여, 안녕……

외기러기 ㄹㄹ乙乙 건너가는 곳이 마지막 행려이길,

눈발은 쏟아지고 처마의 방울소리조차 잠들었다

구두는 잘 마르고 소복소복 숨결들끼리 하얬다

율포 무박(無泊)

지나온 발자국들은 발자국들과 함께
사라졌다 그리고 이제 눈먼 심청 아비처럼
황성 가는 옛길을 찾지만, 두리번거리면서
십리허의 지도를 꺼내보지만, 알아볼 수 없는
먼지들만 거슬러온 것을 깨닫는다

어제는 빵 한 조각을 얻었고
오늘은 따스한 국물이 그리운 날,
찾아 헤맨 나라가 무지개처럼 나타나리라 믿는 건 아니다
저 파도에 모래를 뿌려댄들 장님 노릇일 뿐,
벌교에서 막 돌아온 꼬막배가 방파제 안으로
배곯은 저녁처럼 흘러들어 온다

저 물자국은 내일의 일기예보에
무슨 징후라도 보태려는 듯이 어제처럼 수평인데
다시 첫발자국을 어디로 놓을 것인지,
끼니를 거른 발자국들은 자꾸만 뒤돌아본다

곧 빛의 교섭이 끝나면 땡전 한 푼 없는
이쪽 여울이 저쪽 굽이로 밥 짓는 연기를 따라
흘러갈 것이다 닻줄처럼 꽉 움켜쥐고만,
쥐고만 있었던 무엇인지도 모를 그것을
퉁,
놓아버리면, 저 물살은 에필로그처럼
웅얼웅얼……

그러나 아주 먼 나라에서 보내는 나의 안부를
문맹인 저 바다는 여러 날을
들여다보고 또 들여다보다가
유랑의 글자들을 모래 위에 흩어놓고 말 것이다

뽕짝메들리

한낮에도 잠 오면 그냥 자고, 그러다 깨면
깬 채로 멍하니 나는 좋다
어딘가 무작정 떠나야 하는 것은
사피엔스의 혈통이겠지만 나는 아직
잠이 부족하고 여전히 가난하고
모험보다는 텃세를 보장받으면서 뻐꾸기 울음
미끄러지는 산마루를 건너보다가
햇살포목 싸인 막걸리 취한 목소리 들려오면
딱 한 사람쯤 만나면 좋다 신파를 살아도
야당도 여당도 아닌, 그늘 같은 사람이 좋다
나보다 먼저 이토록 깊은 벼랑을 슬어놓고도
수그러진 감나무는 기껏 까치네 이웃뿐이지만
거기 텃밭에다가 귀를 대어보기도 하고
발가락 까닥거리며 하품을 쩌억 뿜어내고
궁리랄 것도 없는 서적 몇 권 집어다가
파라락 넘겨보고, 그래도 어딘가, 꼭 다녀올
낮잠처럼 펼쳐지는 드라마 몇 편 떠오르면
노랫가락 몇 소절 따라 흥얼거리다가

물 한 모금 하늘 보고
물 한 모금 기지개 켜면
그러면 좋다, 뻐꾸기도 제 게으름을 잡아
천부적인 장단을 터득하였으리니
저나 나나, 서로 멀거니 그런 시절도 잠깐이리니
그러면 좋다 까짓것,

세뱃돈 대신 노래를

까치설날 찾아온 자식놈들
아랫목 곤히 잠들었다 저 숨결들
가지런히 능선을 이룰 것이다
거친 꽹과리 장단
비탈진 매듭 짓고 풀면 북소리 징소리
울타리가 사라진 마을
소슬한 품 안의 한 세상은
없지만
아득하기만 한
곡절은 꿈결, 단잠을 이루고
빠져나온 흰 발목은
편자를 박았어도
진창이다 성긴 눈발 지쳐왔겠다
오늘은
잠시 돌아와 솔바람이 되고 싶겠다
자갈밭에 앉았다 가는 푸른 별
정한수에 담긴 먼 여행은
문 밖에 남겨두고

솜털 우북한 이불깃을 당긴다
에헤라 장구소리
매양 늙은 가죽만 울리지만
기경결해 솟구치는 신명을 불렀어라
에헤라 모래알 같은 날들
세뱃돈 대신 노래를 주마
휘모리에 얹은 산천을 주마

충장로, 천사에게

너에게 가는 길은
비탈이었다 기별 없이 아직 스무 살인
체크무늬와 분꽃 향기의 애인들
북적거리는 거리에서 나는
희미해져가는 모두의 이승을
구두 소리와 마네킹과 간판들을 배회한다
풀포기를 움켜쥔 것 같은데
이상한 꿈이었다 데굴데굴 굴러
미끄러지면서 힘껏 찍은
그 자리를 최초의 꽃자리라 정해놓고
거기 외발로 서서
때늦은 연애편지를 쓴다
저물고 피는 민들레꽃 섬섬옥수를 그린다
아프리카의 어느 족속이었다는 나뭇잎의 공중곡예를 그린다
발꿈치 굳은살처럼 맹렬하게 날아든 새들을 그린다
새들은 누군가 고백한 사랑들을 물어다가 둥지를 짓는다
추신으로 남길 내 안부는

너에게 가는 길이었다고 적는다
천사들이 편지를 들고 날아간다

뜨거운 혀

목울대 깊은 고랑 끝 집
강아지 한 마리
짖다가 낑낑거린다

피었다 지고
떴다 사라진
그늘,

안녕, 너울너울 흘려보낸 손을
내 오래된 흉터를
강아지가 온몸으로 핥는다

다디달면서도 애달픈 저 혓바닥!

그 눈망울 속의 내가
강아지를 뜨겁게
핥아대고 있다

황홀

새벽 창 어귀에
푸르름의 간난으로 오는
참새들 지저귐같이

새벽별 건너
개골창에 삽날 씻으며 구시렁대는
헛기침, 마른 목소리같이

배꽃 다 진 과수원 길
찔레 하얀 꽃잎
눈이 아프도록 고운 향기같이

막 눈뜨고 내다본
산천의 경계를
논으로 흘러드는 저 물소리같이

오래된 길

외따로 난 길은 벌거숭이로 가는 길
걸을 때마다 부스럭거리는 길
쥐암쥐암* 손을 놀리는 나뭇잎 따라
배냇짓 걸음으로 걷지만
가도 가도 가닿을 수 없어서
곤지곤지*하며 가는 길
옹알이를 다시 배우듯
무언가를 가슴에 안았다고 생각했는데
가만히 내려놓고 보니
주름뿐인 업비업비*가
짝짜꿍짝짜꿍* 한다
도리도리*도 한다
나뭇잎이 떨어지는 찰나,
나는 착하디착한 얼굴이 되고 싶었던가
마른 잎 하나 무궁한 손길에
시상시상* 내려
저 너머는 당당 멀었다고
그리운 목소리들이 부스럭거리는 길

아장아장 가는 길

---

*쥐암쥐암(持闇持闇), 곤지곤지(坤地坤地), 업비업비(業非業非), 짝짝궁짝짝궁(作作弓作作弓), 도리도리(道理道理) 시상시상(詩想詩想) 들은 단동십훈(檀童十訓)에서 인용.

해당화 선생님

해산토굴(海山土窟)* 건너 산책길에서
오래된 노래를 들었다
박자도 음정도 제각각인 시절이지만
바다는 영원토록 사춘지절(思春之節)이다
첫사랑의 몸으로서야 가닿을
해변에서 나 길손 노릇 삼아
선생님의 걸음 그 발자국마다
해당화 꽃잎을 따다 놓아드렸다
이름 모를 그 소녀처럼
발정 나도록 독한 향기 때문에
그날 밤 내내 똑같은 멜로디만
환청을 듣고 또 들었는데,
해조음— 어여쁜 몸을
마구마구 퍼질러놓고도 여닫이바다**는
지겨운 노래를 부르고 또 부르나니,
언젠가는 저 바다 통째로
바람 날 그날이 멀지 않았다
오래된 발자국들끼리 해변에 모여

지독한 몽정을 또 구시렁거릴 게다

---

* 해산토굴(海山土窟): 작가 한승원 선생의 소설창작실 당호.

** 여닫이바다: 전남 장흥군 안양면 일대의 바닷가. 이곳에 가면 '한승원산책길'이 조성돼 있다.

비무장지대
—DMZ평화생명동산에서

1
어쩌다가 나뭇잎처럼 빛나는 순간을
나는 달려왔지만
점점 휘발하는 분노 때문에라도 태양이 다시 뜬다고 믿게 된다

저토록 까마득한 산맥을 향해 손을 모은 건
믿을 수 없다 새도 날지 않는
외눈박이들의 광야에
어떤 눈물이 찾아와 손사래를 보낼까,

2
초록을 관람하고서 박수를 쳐대는 관람객들처럼
전사(戰士)들의 가늠쇠는 쉽사리 아이를 낳고 늙어버렸지만
오로라 피어오르는 저 까마득한 벼랑에도 웃음이 살고
질투로 매니큐어가 반짝인다는 건
믿을 수 없다 노래하고 춤추고 불꽃을 쏘아 올리는

축제의 밤에도 정체 모를 나귀들의 행렬이 맥주거품처럼
흘러간다 여기가 어디냐고 되묻는 입술에도 거품이 묻었다

3
누군가 물었다, 저 산을
누군가 답했다, 저 하늘을
이웃들의 말은 과연 정직한가,
우리는 서로 기차바퀴 하나씩 달고 살았지만
집에 두고 온 주걱으로 악수를 나누면서
누군가 물었다, 저 꽃을
누군가 답했다, 저 바람을

4
밥통 같은 세월에도
솟대가 서고 풍선 같은 목소리들이 훨훨 산맥을 날아간다
초록의 속도로 번져간다
단풍도 그렇게 건너간다

담배연기 스캔들

「지나친 건강은 인생에 해롭다」라는

논문을 발표하려던 한 대학의 연구원은 상부로부터 지엄한 경고를 받았다

이례적인 격려와 연구보조금을 약속 받았다

지나친 장수(長壽)는 국가안보와 진화론에 대한 심각한 도전이었다

상부는 사회질서를 유린하려는 불순한 집단을 향한 악마의 표상이 절박해졌다

국회는 급기야 담뱃값 인상안을 절차탁마했다

시민들은 환호했다 모처럼 정치인들이 밥값을 했다고 플래카드까지 내걸었다 지지율도 급상승,

다음 총선까지 이 기세를 유지해야 한다고 당 지도부는 결의했다

그들의 궐련은 권력처럼 첨단의 수입품이었다

악마의 냄새가 어디에서부터 시작하는지,

발본색원해야 한다는 시민단체들의 성명이 잇따랐다

흡연으로 피부미용을 하는 여자들은 이제 출산을 금지시켜야 한다고 주장했다

후속조치로 각급 연구기관과 학자들은
〈담배연기가 인플레이션에 미치는 사회적 책임과 복지국가로써의 대응〉이라는 심포지엄을 연달아 개최했다
대성황을 이룬 극장에서 국회의원들은 기념촬영을 했다
그들은 약속했다
—민주주의는 담배연기처럼 한갓되이 사라지지 않을 것이다!
담배연기 숭배자들을 이끄는 재야의 학자들은
암 치료와 연관된 혁명적인 성분을 발견하고서도 발표하지 못했다
그것은 담배에 깃든 영혼들의 합창이었다
그것은 서로의 이마를 밝혀주던 성냥불빛이었다
그것은 기대 없이 나누는 피곤한 얼굴의 미소였다
그러나 담배연기는 인류의 적으로 규정되었다
새로운 이념이 탄생되는 순간이었다
한 여당 간부는 '인류에게 인간다운 퇴화의 즐거움을'이라는 담배에 관한 철학을 설파하며
악마퇴치법에 관한 여론을 조성해달라고 부탁했다

시민들은 담배의 진원지를 찾아내기 위해

서로를 감시했다 코를 벌름거리는 습관이야말로 애국지사다운 풍모였다

사피엔스의 역사에서 오늘날과 같이 원숭이들의 연대가 단호한 적이 있었는지, 어느 칼럼니스트는 적었다

이윽고 정부로부터 특단의 조치가 발표될 것이란 기대가 부풀었다

평균 수명 백년이라니! 시민들은 환호했다

'흡연은 국가의 안위와 질서에 대한 심각한 테러'라는 논지의 국정조사 결과가 나올 때까지

성숙한 시민정신의 승리를 위한 박사들의 좌담도 전국으로 방영되었다

선부른 여론과 시민들의 급진적인 태도를 경계하는 대서특필을 스마트폰으로 들여다보는 사람들을 싣고

전철은 캄캄한 우주를 날아갔다

정보기관에서는 조만간 또 다른 〈악마의 얼굴〉을 발표할 예정이다

2014년 4월 16일

삶이 아니지만 스러지지 않는 물살이다
결국 이야기는 이렇게 끝나는 건가,
호모사피엔스의 저 능선을 건너온 팽목 앞바다는
발자국들 목소리들 웃음들을 기억할까
땀 배인 이마와 아비규환을 움켜쥐었던 두 주먹과
가슴 졸이던 지붕들……
어느 날에는 종말에 대해 묻기도 하는가,

삶이 아니지만 스러지지 않는 물살이다
포장지처럼 부드러운 손으로
꽃을 예배하고
별을 기념하고
바람의 숨결로 사랑을 노래하면서
주식 등락을 흘깃거리고
우익일 수도 좌익일 수도 없는 민주적인 건축술로 빌딩을 지어 올리는,

삶이 아니지만 스러지지 않는 물살이다

권태로운 냉장고를 열어보면서
도둑고양이가 또 새끼를 쳐서 돌아다녀도
눈을 감으며 모차르트처럼 손가락이나 까닥까닥 퉁기면서
추앙받고 싶어서 잔뜩 어슬렁거리면서,

삶이 아니지만 스러지지 않는 물살이다
파도는 파도를 모르고
짱돌은 짱돌을 모르고
기도는 기도를 모르는
더 이상 동행할 수 없는 바다는 먼 바다,
축복할 영혼을 잃고 해조음조차 들려오지 않는,

삶이 아니지만 스러지지 않는 물살이다
촛불을 켜고 모으는 손끝은
야합으로 저울추를 들었다 놓는 거대한 밤은
우주의 돌층계를 놓는 첨단의 곡예는
돌멩이를 던지면 가뭇없이 스러지던 포물선은,

삶이 아니지만 스러지지 않는 물살이다
수평선은 누구를 데리고 봄 소풍을 가야 할까
흔적도 없는데 증오는 시퍼렇고
노래가 없는데 춤을 기억하는 몸뚱어리를 끌고
나는 또 가파른 눈치로 살아야겠지만
저 소용돌이에 열쇠를 모두 내던져버릴 수도 없는,

삶이 아니지만 스러지지 않는 물살이다
어느 가슴에도 안겨줄 수 없는 물꽃은 갯바위
그리하여 옛날 옛적 이야기는 어떻게 시작됐던가,
다시 물을 수도 없는
까무러치면서, 까무러치면서 날아가는 새들을 따라
손을 흔들어주다가도
슬그머니 거두는,

엔딩크레디트

영화는 끝나고 뿔뿔이 떠난다
지금껏 살았던 덕지덕지 얼크러진
생시(生時)가
감정들이 빠져나가는 동안
스크린은 총천연색 앙금들을
되삼키고 있다
결국 어떤 삶이 있었지만 아무도 살아보지 못한
어둠뿐인 장면은
길고 긴 고백을 기억해줄 창문은
애초부터 없었다
반전이 없는 드라마를 살았던 것을
비상구는
예언자는 끝내
아무런 증언도 해주지 않았던 거다
질겅거리던 팝콘 냄새는 쉽사리 가시지도 않고
가로등은 또 부활한 척하며 기다리지만
극장에서 극장으로
묘지에서 묘지에로

진짜처럼 가짜처럼
그리하여 새로운 이야기를 시작하기 위해
음소거 된 벽을 빠져나와 거리를 질주한다
불멸이 용이해진 것이다

가로등 아래

모든 길목은 그이와 그이가
우연히 마주친 자리,
거기 눈발이 펄펄 날리면 좋겠다고
느닷없는 생각이 드는 날도 있었다
딱 백 년 동안만 내려 쌓여라
나는 정박한 돛단배처럼 뒤척거리면서
신발을 벗고 외투도 벗고
두 다리 쭉 뻗고 가지런해지겠다
구두밑창만큼 기울고 뒤뚱거리는 물결에
폭풍우가 쏟아졌으면 좋겠다는 소망은 어떤가,
조물주가 흠뻑 젖은 몸을 어루만지겠네
피리를 불던 초동 악사는 초막을 치고
노인은 육자배기에 장단을 얹겠지
물려받은 별자리는 영영 돌아가지 못할지라도
한평생 망각하고도 남을 공터이니
기나긴 행렬 마지막 방울을 단 당나귀처럼
저 목소리는 내 것 아니겠는가
그러면 거기는 전생과 후생의 건널목 아닌가,

해설

기억의 거리에서 쓰는 방랑의 편지

이성혁(문학평론가)

1.

『냉장고 속의 풀밭』은 조용환 시인의 세 번째 시집이다. 그는 1999년 계간 《시와사람》으로 등단하여 2003년 첫 시집 『뿌리 깊은 몸』을 펴냈고, 그 이후 10년 만인 2013년에 두 번째 시집 『숲으로 돌아가는 마네킹』을 출간했다. 이어 4년 만에 이 시집을 독자 앞에 내놓은 것이다. 조용환 시인은 널리 알려진 시인은 아니나, 매우 밀도 높고 장중한 시를 쓰는 시인이다. 그는 시행 하나, 시어 하나도 허투루 쓰지 않으며 그의 상상력은 치밀한 면이 있다. 밀도가 높다 함은 이러한 의미에서 한 말이다. 또한 그 밀도 높은 언어들은 기교에 따른 것이 아니라 세상과 삶에 대한 시인의 깊은 사유를 거쳐 형성된 것으로 보이는데, 그래서 그의 시를 읽으면 묵직한 느

낌을 받는다. 나아가 그의 시를 읽을 때 숨이 막힌다는 느낌이 들기도 한다. 시 한 편 한 편에 전 존재를 투여했다는 것을 감지하게 되기 때문이다. (그래서 독자는 그의 시 한 편을 읽을 때 마음을 잡고 읽어야 한다.) 필자가 보기에 높은 수준에 도달한 조용환 시인의 시가 한국 시단에 잘 알려져 있지 않다는 사실은 아쉽고 아까운 일이다.

지금 우리 앞에 펼쳐진 『냉장고 속의 풀밭』은 첫 시집과 두 번째 시집의 특성이 혼재되면서 또 다른 세계를 펼쳐 보이고 있다. 시집에서 첫 번째로 실리는 시는 그 시집이 펼쳐내는 시 세계를 암시하는 시가 선택되는 경우가 많다. 이 시집에서 첫 번째로 실려 있는 아래의 시도 그러한 의미를 가진 시일지도 모른다. 그래서 우선 이 시를 주목하기로 한다.

내가 나에게
편지를 쓴 적이 있네
오른손으로 쓰고 왼손으로 받았네

뜯지도 않고 불살랐던
불 꺼진 창문, 떠나온 그 주소에는
이제 누가 살고 있을까,

뜨내기들은
헐렁한 외투와 낡은 구두뿐이지만

허허벌판을 첩첩 살아가네

내 왼손이 오른손을 잡아
피가 흐르네
나는 여전히 오래된 여행이라네

—「내가 나에게」 전문

조용환 시인은 이 시의 마지막 행에서 "나는 오래된 여행" 이라는 명제를 제시한다. 첫 번째 시가 시집의 중심 주제를 암시한다고 할 때, 바로 이 "나는 오래된 여행"이라는 명제는 이 시집의 나머지 시편들을 관통하고 있을지도 모른다. 이 여행에 대한 기록, 또는 "오른손으로 쓰고 왼손으로 받"는, 시인이 자기 자신에게 보낸 편지들이 이 시집의 시편들이리라고 추측해볼 수 있는 것이다. 자신에게 보내는 편지란 과거의 내가 현재의 나에게 보내는 편지이거나 현재의 내가 과거의 나에게 보내는 편지일 터, 그 과거와 현재 사이의 시간 간격이 편지의 이동 경로일 것이다. 그런데 오른손이 쓴 그 편지를 왼손이 "뜯지도 않고 불살랐던" 것을 보면, 그 편지는 기억하면 안 되는 기억을 담고 있는 것 같다. 하지만 시인은 이제 그 불태워버린 기억을 되살리고자 한다. "떠나온 그 주소에는/이제 누가 살고 있을"지 궁금해 하면서. 하여, "내 왼손이 오른손을 잡"는다. 상처가 다시 되살아나고, 그 상처에서 피가 흐르기 시작한다. 시인은 "헐렁한 외투와 낡은 구두" 차림으로, 그가 살아온 시간이 형성한 기억의 공간, 그 피 흐르는 상처의 공간을 방랑하면서 그 방랑기를 시로 남긴다…….

2.

기억 속을 떠돌아다니는 일, 그것은 나 자신의 내면을 거니는 일이다. 삶의 시간이 퇴적되어 있는 내면은 시인에 의해 공간적인 이미지로 변모한다. 조용환 시인은 거울에 비친 자신의 얼굴을 보면서 내면의 미로를 걷는다. 기억하고 싶지 않은, 피 흘리는 상처와 연결된 미로이기 때문에, 시인은 어쩌면 욕지기를 느끼면서 이 길을 걸을 것이다. 이 유랑이 다음과 같이 현재의 '나'와 과거의 내가 극단적으로 소외되어 있다는 발견으로 이끄는 것을 보면.

> 한 모금 떠먹을 수도 없는 물소리가 빠져나가고부터
> 그 얼굴은 이제 내가 모르는 칼과 망치
> 물고기들의 기념품처럼 나는 매일매일 단추에 걸린 채
> 다 보낸 월요일 다시 월요일……
> 반질반질 윤이 나는 네거리에서 물수제비뜨는
> 그날의 진공 수족관에서 살아남은 사냥꾼들은
> 다 어디로 떠난 건가,

단추 대신 지퍼로 꽉 다문 간판들
낙서 없이 폐기된 골목
사이로
나는 조금씩 완성된다고 믿었는데
추억은 냄새가 고약하고
완벽한 사랑을 신봉하는 웃음들은
쇼윈도에 걸렸다 그때 비로소
눈물의 맛은 줄줄 흘러내린다고
억울한 기분에 빠진 마네킹들처럼 뇌까렸던가,

—「거울 속의 거울」 부분

시인은 거울 속의 얼굴을 쳐다본다. 그 거울은 또 다른 거울이다. 그 거울에 나타나 있는 '나'는 내가 모르는 나를 비추고 있다. 그것은 나와는 다른 나를 반영하고 있는 거울 속의 나를 보여주고 있는 것이다. 나와 저 거울 속의 나는 완전히 다른 사람처럼 소외되어 있다. 나의 얼굴은 "이제 내가 모르는 칼과 망치"처럼 딱딱하고 날이 서 있다. 물기는 하나도 없다. "물소리가 빠져나"간 나는, 기념품 물고기처럼 "매일매일 단추에 걸"려 있을 뿐이다. 물로 상징되는 생기와 부드러움이 빠진 생활, 월요일에서 월요일로 이어지는 권태로운 노동이 연속되는 일상은 삶을 망치처럼 둔탁하게 만들고 신경을 칼날처럼 날카롭게 만든다. 이러한 나에게 세계는 '진공수족관'이다. 진공 속에서 삶의 기억은 어떠한 기록('낙서')

없이 폐기되어버리고, 버려진 추억은 부패하여 "냄새가 고약하"다. 시인은 거울에 비친 낯선 자신을 보면서 자신의 삶이 살아온 진공의 장소, 추억이 부패해가고 있는 골목길을 걷는다. 자신의 삶이 "조금씩 완성된다고 믿"고 있었던 '나'는, 그 방랑을 통해 자신이 그러한 믿음을 가진 '나'와는 극도로 소외되어 있는 '나'로 변해버렸음을 발견하게 되는 것이다.

자신의 삶을 진공으로 만들어 자신의 기억을 파기하게 만드는 것은 자본주의의 문화적 현대성 때문이라고 시인은 생각하는 듯하다. 현대성은 "단추 대신 지퍼로 꽉 다문 간판들"이라는 절묘한 이미지로 상징된다. 아무것도 들어오지도, 나가지도 못하게 하려는 '지퍼'는 사랑마저도 불가능하게 만들 것이다. 아니 현대성은 "완벽한 사랑을 신봉하는 웃음들"을 쇼윈도에 내걸리는 마네킹처럼 상품화 한다. 사랑을 신봉하는 자는 시인 아니던가? 사랑을 믿는 자인 시인이란 존재는 "억울한 기분에 빠진 마네킹들"이 되어버리고, 이렇게 추락한 그는 "눈물의 맛은 줄줄 흘러내린다"는 시구를 뇌까릴 뿐이다. 우리 시대는 시를 상품화하여 전시하거나 우습게 생각한다. 시인에 따르면, 우리 시대에서 바야흐로 "넌덜머리나는 서사는 이제 끝났"으며, 근대를 이끌어오던 기차는 "돌아누운 낭떠러지"(「기차의 얼굴」)에 도달했다. 이제 "기차는 기차의 얼굴을 모"르게 되어버린 우리 시대는 "아무도 기차의 얼굴을 본 적이 없"는 시대, "복면을 한 사람들이 저기 몰려"

(같은 시)오는 시대가 되었다.

서사가 없는 시대, 역사가 종말을 맞이한 시대는 자본의 새로움만이 공허하게 반복되는 시대이며, 모든 사람들이 자신의 얼굴을 잃고 마네킹처럼 복면 같은 얼굴을 바깥에 전시하게 된 시대이다. 나아가 우리 시대는 "더 이상 사랑은 없"는 시대, "더 이상 그리움이 없"어서 "더 이상 삶이 없다고 말해야 할"(「마네킹 몽정」) 시대로 변화되었다. 시인의 진단에 따르면, 앞으로 "수치도 열망도 사라"져서 "사랑 없이도 사랑할 수 있"는 시대가 오고 있으며, 그 시대에는 "자위를 배우지 못할 걸 후회"하고 "오르가즘을 경전으로 모"(같은 시)시게 될지도 모른다. 시 제목처럼 오르가즘을 꿈꾸는 '마네킹 몽정'만이 퇴화된 열망의 흔적으로서 간헐적으로 일어날 뿐이다. 마네킹과 같은 현대인의 삶, 그것은 유리벽 속에서 열망 없이 정지된 시간을 사는 삶이다. 시인 역시 그러한 삶을 살아가야 하는 현대인일 터, 그러나 그는 이 '벽'을 "눈뜨고 더듬어야 할 방랑"(「벽 속의 빛」)의 장으로 삼는다는 점이 남다르다. 그는 더듬으면서 걸어가는 방랑을 통해 이 현대의 실체를 보여주는 자이다. 아래의 시는 현대를 방랑하는 시인의 모습과 그 시인의 눈에 비추이는 현대 세계를 보여준다.

> 우두커니 신문을 넘긴다
> 사소한 내용에 진저리치며 정수리 언저리를 꾹 누른다

헐렁해빠진 기억으로 고개를 갸웃거리다가 문득 몇 걸음을 옮긴다 휘파람 소리가 난다

빰을 가볍게 두드린다

문을 통과한다

고개를 한번 끄덕여주는 것으로 제의를 치른다

안과 밖이란 얼마나 지루한 선문답이던가

여행을 묻던 노인은 기괴한 손으로 흰 수염을 쓸면서 혀를 몇 번 찼다

나는 교육받지 못한 구멍이에요,

항변해보지만 노인은 긴 손톱으로 이마를 꾹 눌러주었다

우두커니는 구멍을 헷갈린다

아무도 알아듣지 못하는 말을 지불하고 주유소에 들러 하루치의 몽상을 채운다

길바닥과 놀다가 뒤뚱거리는 걸음으로 일용할 사료를 쇼핑한다

조금 어지럽다고 느낀다 어디로 갈 건지

삼 초 동안 고민하고

십 초 동안 서성대고

삼십 초를 기다리다가 사랑에 빠지기로 한다

노인은 학교를 지나 은행에 들렀다가 방앗간을 지나 동사무소에 들르고……

그러나 아무 일도 일어나지 않았다

—「우두커니」 전반부

이 시는 이 시집에서 상당히 난해한 시에 속한다. "기괴한 손"을 가진 이상한 노인이 등장하고 있어서 시가 이해하기 어려워졌다. 이 노인의 존재는 수수께끼로 남겨둔다. '구멍'의 의미 역시 수수께끼다. '나'는 "교육받지 못한 구멍"이라는 표현과 "안과 밖이란 얼마나 지루한 선문답인가"라는 표현이 무관하지 않다고 볼 때, 그리고 시인의 정수리 언저리에 뚫려 있는 것처럼 보이기도 해서, 그 구멍은 내면과 세계의 경계를 관통하는 시인 자신의 감성을 표현하는 것이 아닌지 추측해볼 수 있다. (인용되지 않은 시의 후반부를 보면 어떤 진실로 통할 수 있는 구멍으로도 보인다.) 하지만 아직 "교육받지 못한" 탓에, 안과 밖이란 지루한 문답을 버리지 못하고 있는 듯하다. (흰 수염을 쓸고 있는 노인은 그러한 경계를 넘어서 있는 도인의 풍모를 지니고 있다.)

'우두커니' 현대 세계를 대하면서 살아가는 시인은, 우연히 신문을 읽다가 그 "사소한 내용에 진저리"를 치게 된다. (사소함이 진중함을 덮어버리고 마는 신문의 뉴스 역시 상품이 실체인 현대의 모습을 전형적으로 드러낸다.) 이 진저리가 시인을 현대성이 펼쳐진 현장 속으로 들어가도록 이끈 것으로 보인다. 하지만 시인은 이미 "헐렁해빠진 기억"만을 가진 사람, 그는 "어디로 갈 건지/삼 초 동안 고민하고/십 초 동안 서성대" 지만 갈 길을 찾지 못한다. 그래서 "삼십 초를 기다리다가 사랑에 빠지기로" 마음을 먹지만, "아무 일도 일어나지 않"는 것이 우리 시대의 현실이다. 시인 역시 현대성에 감염되어 마네킹처럼 존재할 수밖에 없는 사람 아니었던가. 그의 영혼도 팔려야 하는 상품처럼 표피적일 수밖에 없다. 그는 고민을 고작 삼 초 동안 할 뿐이며, 기다림은 삼십 초를 넘지 못한다. 시인은 "아무도 알아듣지 못하는 말을 지불하고 주유소에 들러 하루치의 몽상을 채"우는 사람, 이를 보면 그의 시 역시 교환법칙에 따른 거래에서 벗어날 수 없는 존재다. 하지만 시인은 방랑자이기 때문에, 현대 세계의 실체가 무엇이며 이 실체 위에서 사는 자신의 삶이 어떠한 삶인지 진저리치며 깨닫고 있다.

이 시의 후반부에는, 시인이 이 세계를 방랑하면서 포착한 현대성이 어떠한 모습인지 드러나 있다. 시인은 "거대한 상점의 유리창"에 진열되어 있는 상품들을 들여다보면서 이 상품들이 우리 시대의 "적나라한 우주"이자 "명약관화한 실체들"이 되었다는 것을 깨닫는다. 실체(substance)란 무엇인가? 변전하는 세계 밑에 깔려 있는 변하지 않는 바탕이다. 시인에 따르면 유리창 안에 진열된 상품이야말로 이 현대 세계의 실상을 '명약관화'하고 '적나라'하게 드러내주는 '바탕—실체'이다. 이 실체 위에서 현대 도시에는 '찌라시들'이 "여기저기 나뒹"굴고, '구원의 말들'과 "축축한 구름의 예언과 포클

레인의 추악한 간음과 아메리카의 골동품들"이 '범람'한다. 이것이 시인이 파악한 한국의 현대성의 모습이다.

3.

조용환 시인의 현대 세계 방랑은 안과 밖의 구별이 없어진 구멍으로 존재하는 자기 자신의 '헐렁한 기억' 속을 돌아다니는 것이며 시인의 눈에 비추인 현대 세계를 반추하는 것이다. 다시 말해서 그의 시적 방랑은 자신의 삶과 기억을 돌아다니면서 현대를 조명하는 것이며, 다른 한편으로 현대 도시를 돌아다니면서 자신의 현대적 삶을 포착하는 일이다. 그런데 시인은 표피의 가면이 실체가 되어버린 현대 세계에 대응하는 인간으로서 무념무상의 인물을 등장시키기도 한다. 이 역시 그 인물의 자기의식 공간을 방랑하며 들여다봄으로써 현대 일상의 본질인 권태를 드러내는 하나의 방법이라고 말할 수 있겠다.

> 하루 종일
> 아무것도 하지 않으려던 계획대로
> 아무런 일도 하지 않았다
> 네거리를 바라보기만 했다
> 유일한 행동은 (곧 후회했지만)

새로 나온 생활정보지를 가지러 다녀왔다는 거
다소 지루해졌다고나 할까
빼곡한 것들을 살필 필요는 없는
그렇고 그런 내용들을 그냥 버렸을 뿐
손톱 밑이 꽃씨처럼 까매진 것을 (새삼스레)
발견했고 고양이가 쥐새끼를 쫓는
광경을 아깝게 놓쳤다 (라고 말할 때
나는 하루 종일 굶은 기분이 들었다)
어쨌든, 꼼짝 않고 눈만 끔벅거리며
번잡을 견디는 지난한 일
그런 노역을 아는지
은행나무가 약간의 그늘을 더 넓혀주었는데
관심사는 그런 거였지,
담벼락에
긴요하게, 비스듬히 기대었다 가는
그런 일,
애당초부터 기대하지도 않았던 일이지만
어제보다 오늘은
큰길 쪽으로 눈길이 더 자주 갔었다는

—「그대를 위한 홀로그램」 전문

"아무것도 하지 않으려던 계획"으로 삶을 산다는 역설의 삶. (계획이란 의지를 통해 이루어지는 것인데 아무것도 하지 않는 것이 계획이니, 그 계획은 역설적인 것이다.) 그것은 "아무리 높이 올라도 전망할 수 없는/매일 등장하고 퇴장하는/하루 종일 승강만 하는", 그리하여 "지상에는 아직 아무도 닿지 못한 게 틀림없"(「엘리베이터 앞에서 서면 나는 단정해지지」)는 우리 시대에 대해 시인이 선택한 대응 방식이다. 현대인들은 위로 올라가기 위해 무엇인가를 하지만, 결국 지상으로부터 우리를 떼어놓는 그 '승강'은, 우리가 사는 세계를 더욱 전망할 수 없도록 만들 뿐이다. 현대 세계에서 "계단은 허공을 범접한 가장 높은 神"(「립스틱이 묻은 유리의 빛」)이어서 현대인은 저 보이지 않는 계단 위의 신을 숭배하여 위로 올라가려고만 하지만, 그럴수록 우리의 삶의 터전인 지상으로부터 우리는 더욱 멀어지는 것이다. 이에 반해 시인은 "아무런 일도 하지 않"고 "네거리를 바라보기만" 하는 동시에 자기의 사소하고 무료한 의식의 흐름(방랑)을 가시화한다. 가령 "고양이가 쥐새끼를 쫓는/광경을 아깝게 놓쳤다"라는 중얼거림과 "하루 종일 굶은 기분"의 연쇄를 시인은 예민하게 의식화하여 드러내는 것이다.

이러한 작업이라고 할 수 없는 작업에 대해, 시인은 그것이 "꼼짝 않고 눈만 끔벅거리며/번잡을 견디는 지난한 일"인 '노역'이라고 아이러니하게 표현한다. 어쩌면 그렇게 가만히 눈만 끔벅거리면서 네거리를 바라보기만 하는 일은, 번잡한 세계에서 일어나는 어떤 미세한 변화를 놓칠세라 포착하고 그에 따르는 자신의 의식의 흐름을 좇는 일이기에 정말 노역인지도 모른다. 오늘은 "은행나무가 약간의 그늘을 더 넓혀주었"다는 것을 포착하고 은행나무의 관심사가 "담벼락에/긴요하게, 비스듬히 기대었다 가는/그런 일"임을 추측하는 일이란 시인으로서의 노력이 따르지 않으면 불가능한 일인 것이다. 그런데 은행나무가 담벼락에 기대려다가 그늘을 더 넓힌 것과 시인이 "큰길 쪽으로 눈길이 더 자주 갔었다"는 사실이 병치되고 있는 것을 보면, 여기서 시인과 은행나무가 묘하게 삼투되고 있다는 것을 알 수 있다. 즉 시인 역시 은행나무처럼 "긴요하게, 비스듬히" 기댈 수 있는 대상(그대)을 찾고 있는 것, 그래서 위의 시의 제목이 '그대를 위한 홀로그램' 아니겠는가.

유령 같은 홀로그램이 되어버린 현대인의 존재성, 시인 역시 그러한 존재로서 살아가지만, 그는 예민한 의식을 통해 그 존재성을 포착하면서 그대를 향하는 자신의 마음의 움직임을 읽어내고자 한다. 나아가 조용환 시인은 거리의 유리벽 안에서 공중전화를 걸고 있는 어떤 '홀로그램'의 모습을 다음과 같이 보여주고 있는데, 이 모습이야말로 시인 자신의 모습을 대신 재현해주고 있는 것인지 모른다.

> 이 현실은 가짜야,
> 바깥의 구두가 유리벽을 쾅쾅 차버린다

고정돼 있던 홀로그램이
주파수를 찾아 혼비백산,
저 목소리는 매번 알아들을 수 없다
(아무도 그를 거들떠보지 않는다)
소음마저 끊긴다
아스팔트에서는 누구나
불법체류자들이다

—「황야의 공중전화」 후반부

위의 시에서 관찰되고 있는 어떤 이야말로 현대인으로서 살고 있는 시인의 모습 아니겠는가. 황야 같은 거리의 아스팔트에 '홀로그램—불법체류자'로서 존재하는 시인. 그는 유리벽 속에 있지만 "이 현실은 가짜"라고 생각하며 "바깥의 구두가 유리벽을 쾅쾅 차버"리는 소리를 듣는다. 그는 이 가짜 현실의 바깥을 감지하고, 혼비백산하여 주파수를 찾으며 "매번 알아들을 수 없"는 목소리를 내는 홀로그램이다. 물론 그러한 모습을 하고 있는 시인을 거들떠보는 사람은 아무도 없지만 말이다. 조용환 시인은 여전히 유리벽 바깥의 세계에서 유리벽을 차고 있는 구둣발 소리를 감지하고 있다. 그는 그 세계의 자취가 이미 사라졌다는 것을 인식하면서도 그 세계로부터 들려오는 소리를 듣고자 귀를 기울인다. 그리고 들려오는 소리를 따라 길을 가고자 한다. 가령 그는 "저 너머는 당당 멀었다고/그리운 목소리들이 부스럭거리는 길", 그 "외따로 난 길"을 "아장아장" "벌거숭이로 가"(「오래된 길」)고자 한다. 그는 '저 너머'를 여전히 지향한다. 비록 그 너머로 갈 수 있는 길잡이는 그리운 목소리들이 부스럭거리는 소리뿐이지만, 벌거숭이 아기가 됨으로써 길이 열릴 수 있다고 믿는다.

벌거숭이가 됨으로써 이젠 잃어버린 저 너머의 세계에 도달할 수 있다는 믿음, 그것은 "길이 사라진 비탈에서 만난 저 소나무", "그 아래 옷을 훌훌 벗어 던지니" "저 숲 그늘의 여울은 다시 건너지 못할지라도" "강물처럼 출렁이던 사금파리 박힌 청춘의 뒤안길"(「초록 강에서」)의 기억과 만날 수 있었다는 경험이 뒷받침해주고 있다. 시인이 벌거숭이가 되었을 때, '화양연화지절'이었던 그 청춘의 기억이 떠오르고 시인에게 그리움을 불러일으키는 것이다. 이 시집의 후반부(특히 3부)에는 위에서 읽었던 다소 난해한 1~2부의 시와는 달리 절절한 서정시들이 실려 있는데, 그 시들의 서정은 어떤 그리움으로부터 솟아나오고 있다. 벌거숭이 되기를 통해 시인은 현대 도시인의 삶으로부터 잠시 벗어나 그리움을 회복할 수 있었던 것일지 모른다. 그는 "내 표류는 아직 어디에도 닿지 못한 것"임을 인정하지만, 청춘 시절 출렁이던 사랑이 "거기 산꼭대기처럼 우련"하게 있다는 것을 알고 있으며, 그래서 "저 초록 강물은/나를 데리고 또 어디로"(같은 시) 갈 것임을 믿는다. 그곳은 그가 다시는 갈 수 없는 '화양연화지절'이겠지만, 그 사랑의 산꼭대기를 향한 마음은 그를 어디론가

데려가는 것이다.

시인은 이 '표류—방랑' 과정을 시로 기록하여 편지로 그리운 누군가를 향해 바다에 띄운다. 그 누군가는 바로 사랑으로 차 있던 청춘 시절의 나일 수 있다. (이 글의 서두에서 보았던 「내가 나에게」에 따른다면, 바로 나의 왼손일 것이다.) 아니면 청춘 시절 사랑의 대상이었던 '그대'라고도 할 수 있으리라. 여하튼 시인은 "지나온 발자국들은 발자국들과 함께/사라졌"으며 "지도를 꺼내보지만, 알아볼 수 없는/먼지들만 거슬러온 것을" 깨닫고 있지만 "찾아 헤맨 나라가 무지개처럼 나타나리라 믿는 건 아니"어도 "나의 안부를" 바다에 띄워 "아주 먼 나라에서 보내는"(「율포 무박(無泊)」) 작업을 놓지 않는다. 그가 찾던 나라가 이 세상에 나타나지는 않는다고 하더라고 자신의 글이 저 너머 세계로 닿을 수 있으리라는 믿음을 잃지 않은 것이다. 이제 그는 "다시 첫발자국을 어디로 놓을 것인지" 고민하며 다시 방랑에 나서고, 저 너머의 그 누군가에게 안부 편지를 써서 바다에 띄운다. 저 바다는 비록 글을 읽지 못하는 '문맹'이겠지만, 그 편지에 쓰인 "유랑의 글자들을 모래 위에 흩어놓고 말 것"(같은 시)임을 시인은 믿고 있다. 그래서 시인은 시를 써서 바다에 편지로 띄우기를 지금도 멈추지 않는 것이다.

4.

하여, 시인은 이제 연애편지를 쓰고 있다고 다음과 같이 고백한다.

> 너에게 가는 길은 늘
> 비탈이었다 기별 없이 아직 스무 살인
> 체크무늬와 분꽃향기의 애인들로 북적거리는
> 거리에서 나는
> 구두소리와 마네킹과 간판들을 숭배하면서
> 희미해져가는 모두의 전생처럼 여전히
> 이 거리를 배회하지만
> 풀포기 움켜쥔 이상한 꿈은 데굴데굴 굴러
> 떨어지는 급전직하,
> 바퀴들은
> 生을 바꾸기에는 좋은 친구랄 수 없지만
> 미끄러지면서 힘껏 찍은 자국들을
> 외발로 건너던 충장로에서
> 우체국 계단에 앉아
> 늦은 연애편지를 쓴다
> 다시 최초의 꽃자리가 된다
>
> —「충장로, 천사에게」 전반부

시인은 "너에게 가는" 비탈길을 '이상한 꿈'이 올라가다가

"데굴데굴 굴러"서 "힘껏 찍은 자국들"로 연애편지를 쓴다. 연애편지의 대상인 '너'는 "아직 스무 살인/체크무늬와 분꽃 향기의 애인들"이다. '화양연화지절'의 기억에 존재하는 이들인 것이다. 시인은 그 애인들이 북적거리는 기억의 거리를 걷는다. 이 기억의 거리 역시 마네킹과 간판이 서 있는 현대의 세계가 펼쳐져 있지만, 시인에게 부정적 대상이 아니다. 그는 이 스무 살 무렵의 기억이 새겨져 있는 거리를 숭배하고 배회한다. 그 기억 속의 거리를 배회하면서, 너에게 가는 꿈을 꾸며 비탈길을 오르다가 미끄러지고, 그 좌절의 자국들로 시를 써서 너에게 연애편지로 보낸다. 그리하여 그는 스무 살 무렵과 같은 "최초의 꽃자리가" 다시 될 수 있었으리라. 하지만 이는 상상 속에서 이루어지는 일, 인용되지 않은 위의 시의 뒷부분에서 시인이 말하고 있듯이 "황홀로는/비탈진 것들을 곧추 세울 수는 없"는 일이다. 그래서 너에게 가는 길을 가다보면 다시 미끄러져 굴러떨어질 수밖에 없어서, 너에게 도달하기는 불가능하다. 다만 시지포스처럼 반복해서 굴러떨어짐으로 해서, 연애편지, 즉 시 쓰기는 중단 없이 계속될 수 있지만 말이다.

이 시집의 마지막에 실린 아름다운 시 「가로등 아래」에서, 시인은 "그이와 그이가/우연히 마주친 자리"인 "모든 길목"에서 "나는 정박한 돛단배처럼 뒤척거리면서/신발을 벗고 외투도 벗고/두 다리 쭉 뻗고 가지런해지겠다"라고 말하고 있다. 시인은 그이와의 마주침이 있었던 길목을 잊지 못하고, 그리워하며, 나아가 그곳에서 뒤척거리다가 가지런히 삶을 마치고 싶어 한다. 시인은 자신이 뒤척거리고 있는 그 길목을 "전생과 후생의 건널목"으로 생각한다. 시인은 그렇게 사랑이 이루어졌던 길목을 그리워하면서 뒤척이다가 죽어갈 것을 안다. 그 마주침은 다시 이루어지지 않으리라는 것도 안다. 마주침이 이루어졌던 그때의 길목에 대한 기억으로 "물려받은 별자리는 영영 돌아가지 못할" 것임을 말이다. 시인은 쓸쓸하게 그 별자리를 "한평생 망각하고도 남을 공터"로 남겨두고는, 기억의 별자리에 자신을 정박하고는 후생으로 천천히 넘어갈 생각이다.

「가로등 아래」는 단정하고 차분하면서도 짙은 슬픔을 바탕에 깔고 있는 서정시다. 그만큼 서정적 주체와 시와의 거리가 아주 가깝다. 그런데 그 시 바로 앞에 실려 있는 「엔딩 크레디트」는 서정적 주체와 시와의 거리화가 이루어지고 있어서 대조된다. 시인은 이 시에서 "가로등은 또 부활한 척하며 기다리지만" "길고 긴 고백을 기억해줄 창문은/애초부터 없었"으며, "비상구는/예언자는 끝내/아무런 증언도 해주지 않았"고, 삶은 "반전이 없는 드라마"라는 것을 못 박듯이 다소 차갑게 말하고 있다. 어떠한 환상도 허여하지 않는 이러한 인식은, 하지만 「가로등 아래」에서 보이는 서정적 비애의 바탕이 되는 것이리라. 이 두 시에서, 현대인의 소외라는 모더니즘적인 주제와 다시 되찾을 수 없는 시절에 대한 그리움이라는 서정시의 전통적인 주제가 이 시집에 공존하고 있음을 확인하게 된다. 또한 이 두 주제는 이 시집에서 기묘하게 삼투되고 있기도 하다. 특히 표제작인 「냉장고 속의 풀밭」이 그러한 삼투를 보여준다.

이 시는 조용환 시인의 다음 시 쓰기 작업의 주요 주제를 미리 보여주는 시 아닌가 생각된다. 냉장고라는 기계와 풀밭이라는 자연이 기묘하게 공존하고 있는 것은 이 시집에서도 독특한 면이 있어서다. 이 시에서 조용환 시인이 기계 대 자연이라는 구도로 현대 세계를 보고 있지 않음이 드러난다. 냉장고는 "편견에 시달리"고 "수시로 발성을 바꾸는" '인성'(?)마저 가지고 있다. 그러나 그 냉장고는 "유품처럼 가릉거리는 숨소리"로 겨우 자신의 삶을 유지하면서 "온몸으로 무너지고 싶은 것을 견디려다가 속옷이 다 벗겨"지는 일을 당한다. 그리하여 냉장고의 속살은 '폐기'되어버리는 것인데, 놀랍게도 그 폐기된 속살로부터 "전인미답의 풀밭"이 시작되는 것이다. 그만 너무 '나이'가 들어 망가지고 버려진 냉장고 속에서 새로이 전인미답의 자연이 생성되고 있는 것, 이는 새로운 비전이다. 조용환 시인이 도달한 이 비전이 어떻게 더욱 진화—확장되어 갈지는, 그의 네 번째 시집을 통해 확인할 수 있게 되리라.

이 도서의 국립중앙도서관 출판시도서목록(CIP)은 서지정보유통지원시스템 홈페이지(http://seoji.nl.go.kr)와 국가자료공동목록시스템(http://www.nl.go.kr/kolisnet)에서 이용하실 수 있습니다.(CIP제어번호: CIP2017015195)

시인동네 시인선 076

냉장고 속의 풀밭

초판 1쇄 발행 2017년 7월 10일
초판 2쇄 발행 2017년 12월 12일
지은이 조용환
펴낸이 고영
책임편집 서윤후
디자인 헤이존
펴낸곳 문학의전당
출판등록 제2017-000002호
주소 서울시 마포구 마포대로 11길 91, 3층
전화 02-852-1977 팩스 02-852-1978
전자우편 sbpoem@naver.com

ISBN 979-11-5896-326-2 03810

* 이 시집은 2016년 한국문화예술위원회, 전남문화관광재단 기금을 지원받아 제작되었습니다.
* 이 시집은 〈2017 세종도서 문학나눔〉 도서에 선정되었습니다.